Secrets d'investissement

à long terme

Contenu

Précautions à prendre lors d'un investissement en crypto-monnaies.................. 5

Ce qu'il faut garder à l'esprit lorsqu'on investit dans les cryptocurrences à long terme. 11

Est-il rentable d'investir dans les crypto-monnaies à long terme ? 15

La spéculation lors d'un investissement à long terme dans les crypto-monnaies 18

Le prix du bitcoin avec une vue à long terme 21

Comment construire votre portefeuille de crypto-monnaies sur le long terme ? 23

Les crypto-monnaies peuvent-elles être des investissements à long terme ?... 34

Formuler une stratégie pour investir dans les cryptocurrences à long terme... 36

Exemples et visions d'investissement à long terme dans les crypto-monnaies. 58

Les stratégies les plus efficaces pour investir dans le Cardano 63

Ce qu'il faut garder à l'esprit lorsqu'on investit dans les cryptocurrences à long terme. 66

Considérations et doutes sur le trading à long terme... 74

Le rôle d'investissement du commerce social 79

La tendance "HODL ou mourir 84

Mesures pour investir dans le bitcoin à long terme 86

Les investissements à long terme dans les crypto-monnaies sont à la mode en raison du grand nombre d'utilisateurs qui parient sur cette voie, bien que ce soit une option volatile, il est également vrai qu'il y a des témoignages de succès qui attirent n'importe qui, mais vous devez connaître les meilleures stratégies pour prendre les meilleures décisions.

Vous devez garder l'esprit ouvert pour en apprendre toujours plus sur cet environnement, car les crypto-monnaies génèrent un boom important, avec des résultats exorbitants, ainsi que des pertes considérables, donc vous ne pouvez rien prendre pour acquis, ni arrêter de prendre des risques pour obtenir une marge positive pour votre vie.

Précautions à prendre lors d'un investissement en crypto-monnaies

Lorsque vous envisagez les crypto-monnaies comme une mesure d'investissement à long terme, n'oubliez pas de tenir compte de certaines prévisions, car d'une part il y a le large attrait d'une monnaie numérique comme le bitcoin atteignant plus de 40 000 USD, mais beaucoup peuvent le décrire comme une trajectoire de hauts et de bas où vous devez être patient.

Grâce à certains mouvements du marché, vous pouvez générer un changement imprévisible sur la valeur de certaines crypto-monnaies, venant de dépasser vos attentes complètement, ou, d'autre part, peut détruire toute illusion, sont des citations qui peuvent aller pour ou contre vous, dans le cas du bitcoin a eu ses laps sceptiques jusqu'à une explosion.

Mais l'exemple de cette crypto-monnaie pionnière, vous laisse savoir à quel point ce milieu est actif, où ce sont les tendances du marché qui imposent les conditions, à partir de 2018 les investissements sur ces actifs ont explosé, et avec ces mêmes investissements le prix des crypto-monnaies a changé.

Le marché actuel des crypto-monnaies passe par une étape beaucoup plus mature et consciente, qui met également en évidence la participation des médias institutionnels, il s'agit donc d'un scénario fiable pour différents utilisateurs, bien qu'il s'agisse encore d'un espace où à tout moment un actif s'effondre ou monte.

L'étincelle volatile des crypto-monnaies ne disparaît pas, mais il y a certaines étapes qui peuvent vous aider à réguler ce qui se passe, car avec une série d'alternatives, vous pouvez avoir plus de confiance en cas d'événement, donc vous devez connaître les dispositions suivantes lors de votre investissement :

1. **Acquérir une expérience suffisante**

Cela peut sembler une recommandation de base, mais au sein de chaque marché financier, la connaissance et l'expérience sont nécessaires pour prendre des décisions, en plus d'assumer de vivre avec le risque impliqué dans la volatilité, surtout quand il s'agit de crypto, où plus de précautions doivent être prises en compte.

Il ne fait aucun doute qu'au fil du temps, le bitcoin a été responsable de la démonstration de la variabilité d'un prix, mais cela ne doit effrayer personne, car tout marché comporte des risques, bien que l'avantage réside dans le regard vers l'avenir, car il s'agit d'une alternative rentable à long terme, par les différents résultats positifs exposés.

La volatilité dans ce domaine peut jouer en votre faveur à long terme, car l'appréciation est plus susceptible d'être soumise à une hausse qu'à une baisse, mais ce qu'il faut accepter, c'est que le risque ne porte pas seulement sur la devise, mais sur la force de départ dont ils disposent, ce qui explique qu'ils peuvent faire s'effondrer n'importe quel marché et à plusieurs reprises.

Pour cette raison, l'évaluation est une faculté que tout investisseur doit avoir, puisqu'elle vous permet de déterminer si l'actif répond au bon profil pour investir, de même que vous devez vous-même vous soumettre à un questionnement pour mesurer votre pouls, surtout en sachant que vous ferez partie d'un marché très volatile.

Maîtriser cet aspect imprévisible peut être compliqué pour certains investisseurs, ceci est dû à l'inexpérience sur ce secteur, ils augmentent complètement l'importance de l'analyse préalable de ce que vous allez trouver ou de ce que vous allez subir, ce n'est donc pas une alternative fortement recommandée pour les débutants, vous devez avoir une base préalable.

2. **Ne placez pas tous vos fonds dans un seul actif**

Le point de départ pour investir, et surtout pour décider du type d'actif sur lequel vous allez miser, est de faire des recherches approfondies sur ce que représente l'investissement dans les actifs numériques, car cela vous permet de maîtriser et de travailler avec tous les risques qui accompagnent ce niveau de volatilité qui abonde sur le marché.

En plus du niveau de volatilité du marché, vous devez prendre en compte et savoir qu'il existe plus de 7 000 monnaies numériques, mais toutes ne fonctionnent pas ou ne sont pas adaptées à un investissement à long terme, de même toutes ne parviennent pas à survivre, donc en entrant sur ce marché, vous devez vous informer sur la fonction de la cryptomonnaie qui attire votre attention.

En comprenant parfaitement tout ce qui se cache derrière cet actif, vous pouvez investir avec plus de clarté, vous pouvez mettre en pratique toutes les directives ou règles concernant les investissements traditionnels, pour cette raison, il est essentiel que vous puissiez investir de manière diversifiée, au lieu de consacrer tous vos fonds à la même cryptocurrency.

Dans le cas des investisseurs plus professionnels, ils recommandent ou utilisent un modèle d'allocation d'une partie de votre portefeuille, c'est-à-dire n'utiliser que 5% ou 10% sur un marché, la répartition du pourcentage a de nombreuses modalités ou pratiques, il est habituel de consacrer 80% à celui qui génère de la confiance et 15% au reste d'un ou plusieurs actifs.

3. **Suivez de près les nouvelles et l'analyse technique**

Quand on fait partie du marché des crypto-monnaies, on ne peut s'empêcher de vérifier tout ce qui se passe aujourd'hui, car un actif a des mouvements autour de l'actualité, cela peut être aussi sensible qu'une rumeur, ou un simple tweet, comme cela arrive constamment avec Elon Musk, ce qui influence directement le Bitcoin ou le Dogecoin.

C'est un environnement où tout est permis, c'est pourquoi vous devez garder vos filtres actifs pour reconnaître ce qui se passe dans le secteur. En lisant chaque information avec cette perspective, vous pouvez agir sur votre investissement, surtout s'il s'agit de sorties à venir.

Au-delà des célébrités, il existe d'autres facteurs qui font bouger le marché, comme certains fonds spéculatifs qui exercent une certaine influence et font partie de ces nouvelles qui provoquent des remous sur le marché, car la volatilité dépend de ces types de facteurs ou de variables, mais cela ne signifie pas que vous devez abandonner l'analyse technique.

Dans une journée, il y a un grand nombre de mouvements, qui laissent une trace appelée volume qui peut être étudiée pour détecter toute incidence, car derrière le changement de prix d'un actif peut être mis en évidence un certain nombre de positions à exploiter lors de l'investissement.

Ce qu'il faut garder à l'esprit lorsqu'on investit dans les cryptocurrences à long terme.

Investir dans les crypto-monnaies à long terme peut devenir une décision rentable, bien qu'il s'agisse d'un marché énorme que vous devez connaître en profondeur, tant que vous prenez en compte certaines données, vous pouvez suivre ce type d'orientation, bien que cette forme d'investissement virtuel vous permette d'étudier chaque forme d'opération.

La chose importante est qu'il ne s'agit pas d'une forme centralisée, mais au contraire, les banques ou les institutions n'interviennent pas, mais il s'agit d'algorithmes, qui permettent l'achat et la vente est simple, où il se manifeste un niveau de sécurité et de rapidité attrayant par rapport à d'autres actifs.

Une valeur élevée est un énorme signal d'alarme. Vous devez donc connaître les points suivants comme l'une des premières étapes pour commencer à investir :

- **Étapes pour investir dans les crypto-monnaies**

Une règle générale est de commencer à investir peu afin de pouvoir apprendre de ses erreurs, cela permet également de réduire tout niveau d'anxiété que vous pourriez présenter, il est essentiel de ne pas aller trop vite et d'avoir de la patience lorsque vous commencez, c'est la meilleure façon de trouver et de développer des stratégies associées au commerce.

D'autre part, comme nous l'avons déjà dit, il est essentiel de se préparer avant de faire un pas important. Vous devez donc faire des recherches sur la technologie blockchain, qui est développée au moyen d'un registre unique et qui permet le mouvement des monnaies numériques, et il est également essentiel de connaître l'offre en circulation par rapport aux monnaies totales.

La circulation des monnaies, est composée de celles qui sont générées ainsi que celles qui sont disponibles dans l'existence, c'est ce qu'on appelle l'inflation, qui implique l'échange de portefeuilles, à la fois des clés publiques et privées, la maîtrise de cela vous permet de limiter tout problème à l'avenir pour investir.

Donc, l'astuce est de lire autant que vous pouvez, de cette façon, vous pouvez prendre des mesures plus concrètes lorsque vous investissez dans les cryptocurrences, cela fait partie de l'essence du marché, et à l'avenir est une mesure qui vous aidera à ne pas perdre de l'argent, comme vous apprenez, vous serez beaucoup plus confiant dans vos décisions.

L'expérience peut être acquise en lisant, et en comprenant chacune de vos erreurs, c'est aussi un chemin risqué, mais petit à petit vous pouvez faire excellent, une fois que vous trouvez un bon investissement qui fait partie de ces monnaies numériques, où à chaque étape vous devez évaluer le type d'échange à faire.

Vous pouvez prendre le temps qu'il vous faut, il n'y a pas d'urgence car tout dépend de votre convenance, faites appel à des taux attractifs car, quelle que soit la taille de l'investissement, vous devez viser des résultats positifs, mais vous ne devez jamais investir plus que ce que vous êtes prêt à perdre.

- **Cryptocurrencies ayant le plus d'attention ou de popularité sur le marché.**

L'activité de trading de chaque crypto-monnaie est très rentable, bien que vous deviez suivre de près certaines impositions afin de comprendre tout ce qui se cache derrière une vente ou un achat, car cela a un impact direct sur les crypto-monnaies, le trading au sens large possède quelques opportunités fixes ou alternatives.

L'une des meilleures incidences sur les crypto-monnaies est Ethereum, car elle est devenue l'une des plus grandes crypto-monnaies en termes de capitalisation, elle a été créée en 2014, elle sert également de plateforme et utilise la pièce Ether, une monnaie qui est maintenue en fonctionnement avec des Smart Contracts.

D'autre part, l'importance du bitcoin est toujours valable car il est l'un des premiers, il a donc une empreinte précieuse sur le marché, depuis 2009 a grandi complètement sous un plafond d'approvisionnement de 21 millions de bitcoins, de transiger avec eux développe une opération anonyme, de sorte que les clients ne pas identifier ces transactions.

Troisièmement, la startup est parquée sur Litecoin, car il fait partie du projet Bitcoin, il fonctionne comme un réseau mondial entièrement décentralisé avec des paiements développés par open source, cette crypto-monnaie est beaucoup plus utilisée dans les transactions instantanées, ou peut être utilisée pour acheter d'autres crypto-monnaies.

Investir dans les crypto-monnaies est un vaste monde d'opportunités, la monnaie numérique fait partie de l'avenir, donc s'en tenir à connaître le marché à fond peut vous laisser de meilleurs dividendes, les profits sont juste à un pas de vous.

Est-il rentable d'investir dans les crypto-monnaies à long terme ?

Investir dans une crypto-monnaie, en particulier dans le bitcoin, est considéré comme l'un des investissements les plus volatils, car les prix sont soumis à diverses fluctuations, mais cela ne signifie pas qu'elle cesse d'être un actif très attrayant, en particulier par rapport aux actifs physiques.

Différents analystes ont une opinion différente sur l'investissement à long terme dans les crypto-monnaies, connue sous le nom de Hodl, qui signifie que vous devriez conserver la crypto-monnaie au lieu de la vendre, en comprenant le principe que les crypto-monnaies sont des investissements beaucoup plus pratiques pour les particuliers que pour les entreprises.

Les crypto-monnaies sont généralement mises en doute en raison du type de controverses qui les entourent, mais aussi d'autres aspects qui entraînent le niveau de volatilité, notamment sur le prix des actifs, qui peut être interprété comme un écosystème instable, au point qu'elles ne sont pas bien vues aux yeux de certains investisseurs.

Au-delà des controverses qui entourent les crypto-monnaies, vous pouvez vous approcher progressivement des investissements à long terme, étant une excellente alternative avec un degré de risque élevé mais assumable, le seul inconvénient à garder à l'esprit est qu'à long terme vous pouvez faire face à des baisses des prix du marché.

Les chutes brutales sont les seuls ennemis, car ils possèdent un impact direct sur les prix des crypto-monnaies, car c'est un large marché de crypto et les actifs changent dans le cadre de la technologie Blockchain pour être une arme de l'avenir, au milieu de cette offre est la possibilité de :

- **Commerce de crypto-monnaies**

L'investissement des crypto-monnaies, devient une réalité sous la fonction de trading de crypto-monnaies, où l'on peut acheter et vendre pour profiter des fluctuations qui se développent, cela peut se faire à partir d'un wallet car ce sont des agents spécialisés à cet effet.

Parmi les options de négociation les plus populaires figurent Binance, Coinbase Pro, Poloniex, Kraken, Bitfine et Bitrex.

- **Investissement à long terme dans les crypto-actifs**

Ce qui représentent à des investissements à long terme, sont classés comme des projets blockchain comme une vue à long terme, mais qui est développé comme un type ERC 20 au milieu de la blockchain Ethereum, il est un type d'investissement qui exige un niveau élevé de connaissances, comparativement comme il est l'investissement dans les fonds de capital-risque.

- **Fonds de pension pour les crypto-monnaies**

Certaines institutions commencent à parier sur la création d'un fonds sur la base de crypto-actifs, destiné aux retraites pour avoir un gestionnaire d'actifs en monnaie numérique, cela devient une avancée pour les institutions, car cela permet de créer un compte de retraite, au point d'être des investisseurs en crypto-monnaies.

Investir dans un fonds de cryptocurrency peut générer des résultats importants à l'avenir, de plus en plus de personnes sont motivées pour franchir cette étape, ce qui peut se traduire par un investissement réussi qui vous donne la tranquillité d'esprit, ce type d'influence est présenté sur le marché des cryptocurrency.

Il ne fait aucun doute que l'investissement dans les crypto-monnaies à long terme, tant que vous pouvez prendre le risque, le reste est de maintenir un terme persistant et patient, surtout pour certains retours positifs à émerger en votre faveur.

La spéculation lors d'un investissement à long terme dans les crypto-monnaies

Tout grand investisseur inclut les crypto-monnaies comme une subsistance importante de nos jours, notamment parce que c'est un actif qui se réévalue à long terme, laissant de bons dividendes sur les portefeuilles, donc les crypto-monnaies sont considérées comme une réserve de valeur, tout comme l'or l'a été en son temps.

Entre le Bitcoin et l'Ethereum, ils sont connus comme les plus grands actifs du monde, en raison de leur niveau exorbitant d'ascension, où chaque mois ils dépassent leurs prix ou leurs valeurs, défiant toutes les prévisions, mais il est également vrai qu'ils déclinent drastiquement, comme le Bitcoin, oscillant au-dessus de 40 000 USD pour ensuite tomber à 35 000 USD.

Ces démonstrations sont un exemple clair du niveau de volatilité, tout au long de son histoire ces scénarios se sont répétés, mais en même temps c'est une des raisons pour lesquelles il est attractif, car la spéculation peut être utilisée à votre avantage, cette composante est une tentation pour générer un gain en pourcentage.

Les paradigmes autour des crypto-monnaies ont changé et ils préfèrent cette voie aux institutions traditionnelles, où les sceptiques laissent ouverte la possibilité d'échanger de cette manière, qui est une protection contre l'inflation que vous pouvez exhorter sur une sorte d'institution financière centralisée.

Cet actif est capable de surmonter tout type de spéculation, c'est pourquoi il est intégré comme un type de portefeuille d'investissement à long terme, au-delà de tout changement dans le marché, ces actifs parviennent à rester sains en termes de profit, ce sont des investissements qui se traduisent en multi-actifs, bien que l'ennemi à surmonter soit cette barrière du retrait trop tôt.

Il est certain que la vision à long terme doit être soutenue, avec une perspective positive sur l'actif, c'est ce qui permet à l'avenir de récolter de nouvelles hausses avec succès, c'est ce qui consolide le niveau de profit que vous générez, c'est une direction étudiée à grande échelle pour suivre les tendances haussières.

D'autre part, une baisse de prix peut être utilisée pour augmenter le type de profit que vous faites, puisqu'elle est utilisée comme un prix économique pour récolter des pourcentages accrocheurs, c'est donc une option favorable même pour les détaillants, c'est un potentiel explicite sur la réserve de valeur, c'est une sorte d'or virtuel.

La capacité d'une crypto-monnaie à mettre de côté l'inflation est très importante, c'est une sorte de valeur refuge moderne, c'est pourquoi ces actifs financiers permettent une grande diversification des investissements, c'est un moyen de profiter au maximum du côté spéculatif, au milieu de la hausse on peut suivre le Bitcoin et l'Ethereum.

Tout ce qui traîne une crypto-monnaie est notoire sur ses mouvements, mais c'est une marche qui fonctionne vers le haut ou vers le bas, à un moment donné les hausses ont atteint des sommets, dans cet aspect est que les similitudes et les différences de chaque crypto-monnaie sont distinguées, le rôle de chacun est logé derrière la valeur de la même.

Le prix du bitcoin avec une vue à long terme

Le marché des crypto-monnaies, n'étant pas réglementé, acquiert un haut niveau de visibilité, mais est en contact direct avec une quantité importante de fluctuations, donc dans le cas de vouloir suivre de près la croissance du Bitcoin, ou de tout autre, il est courant de traiter avec une marge de risque.

Il y a très peu de réglementation sur les crypto-monnaies, ce qui pour beaucoup peut être un énorme attrait, alors que pour d'autres cela peut représenter une insécurité totale, mais au moins c'est un moyen de paiement qui acquiert plus de pouvoir, en plus d'être classé comme un moyen bidirectionnel car il peut être échangé contre une monnaie traditionnelle comme le dollar ou l'euro.

La variabilité du marché à court terme est influencée par tout type de facteur médiatique, mais lorsque l'aspiration à poursuivre un investissement à long terme persiste, vous pouvez suivre cette comparaison qui illustre les craintes que vous pouvez avoir :

- **L'influence de la réglementation sur le taux de change du bitcoin**

Certaines baisses que le bitcoin a subies sont liées ou ont coïncidé avec certaines mesures réglementaires, ce qui a donné lieu à certaines rumeurs selon lesquelles lorsque des mesures de contrôle seront introduites, il y aura une baisse de son prix, car les transactions seront beaucoup plus mesurées.

À cela s'ajoute l'interdiction du commerce des crypto-monnaies qui a été mise en œuvre dans certains pays, ce qui a également provoqué une baisse du prix du bitcoin, en raison de la peur de perdre l'argent investi à cause de la mesure dictée, mais certaines autres nouvelles comme la position de change plus positive de l'Union européenne ont provoqué une remontée.

Jusqu'à présent, c'est le point ou le facteur le plus déterminant sur le prix ou la cotation du bitcoin, le reste étant des nouvelles de grandes entreprises ou de services qui se lient ou se délient de ce moyen de paiement, mais en général, il a été l'une des crypto-monnaies les plus fiables.

Comment construire votre portefeuille de crypto-monnaies sur le long terme ?

Une stratégie d'investissement en crypto-monnaies est une excellente planification, dans ce moyen met en évidence l'option à long terme qui peut être réalisé après plus de 7000 crypto-monnaies sur le marché, vous pouvez choisir librement et aller lentement expérimenter avec les fondamentaux nécessaires que ce marché exige.

Choisir une crypto-monnaie peut vraiment faire de vous un millionnaire, mais les étapes à suivre sont liées à l'expansion du portefeuille, en plus de savoir comment utiliser certains instruments à long terme, tout cela est répondu par la recherche du marché, cette étape est constante et un novice peut devenir un expert.

Un portefeuille de crypto-monnaies à long terme peut être formé, après quelques concepts de base qui vont vous permettre de rester au courant de tout, en plus de former et d'étudier une liste de crypto-monnaies qui permettent d'investir facilement, le premier concept à découvrir est les avantages et ensuite les inconvénients.

1. **Concepts à suivre à long terme**

Les investissements réalisés à long terme, avec l'intention de vendre l'actif à l'avenir, que ce soit pendant environ un an ou aussi longtemps que vous le souhaitez, sont connus sous le nom de hodling, en fait, il est souvent utilisé comme synonyme d'investissement à long terme.

Mais ce terme, possède la croyance que parier sur un actif qui est capable d'atteindre la lune, devient une stratégie viable, surtout parce que certaines mesures ou données fiables, sont responsables de la confirmation de ce fait, c'est la même chose qui se passe avec les investissements conventionnels.

L'industrie des crypto-monnaies est de nature volatile, car les changements sont constants et, en même temps, elle implique un risque élevé, car les actifs sont soumis à une mobilité radicale, ce qui, en même temps, permet de tirer profit de nombreux changements.

Un achat effectué aujourd'hui peut perdre sa validité au cours de l'année, grâce au facteur de volatilité, ce qui nécessite une étude approfondie des événements cryptographiques. Ce type de dynamique permet de réaliser des bénéfices, mais à long terme, il s'agit d'un investissement avec une marge de risque plus faible.

Lorsque vous voulez faire un premier pas dans les crypto-monnaies, à long terme, c'est une méthodologie positive pour les débutants, mais vous devez avoir une participation constante afin qu'il y ait une plus grande compatibilité avec le portefeuille de crypto-monnaies, car l'exigence est de maîtriser ces environnements.

2. **Avantages des investissements à long terme dans les crypto-monnaies**

Le niveau de volatilité de la crypto vous permet d'augmenter la valeur des investissements crypto consécutivement, cela signifie en même temps que vous pouvez construire un projet vous-même dans le futur, en suivant la cause qu'il y a sur l'actif ou ce qu'il représente pour le monde, ainsi vous serez un participant plus actif sur le marché.

D'autre part, lorsqu'il s'agit d'investir à long terme, il est conseillé de prêter attention aux émergents, car ce type de détention est un signe de gains considérables à l'avenir, comme cela s'est produit avec le bitcoin et les investisseurs qui ont cru dès le début.

L'un des avantages de ses qualités en tant qu'actif est qu'il n'est soumis à aucune autorité centrale, ce qui signifie qu'un contrôle central est exercé sur les utilisateurs afin qu'ils puissent profiter de sa composition décentralisée, de sorte qu'aucun gouvernement ne puisse en dégonfler ou en gonfler la valeur.

3. Les inconvénients d'un investissement à long terme dans les crypto-monnaies

L'inconvénient des investissements à long terme en crypto-monnaies est qu'une certaine inflation ou volatilité peut dévaluer l'avenir, dans le cas des qualités de crypto-monnaies sont basées sur des actifs numériques, qui sont exposés à une sorte de piratage sur les portefeuilles, ainsi que le suivi du portefeuille.

La connexion à un portefeuille qui contient les fonds peut être perdue ou vulnérable, en raison de l'oubli d'un mot de passe ou d'une forme de piratage, vous devez donc choisir un environnement totalement fiable.

4. Constituer un portefeuille de crypto-monnaies

La décision d'investir dans les crypto-monnaies doit être claire sur la vision que vous allez garder, c'est-à-dire si vous voulez la garder longtemps, vous devez enquêter sur certains points de base, c'est une étape par étape qui facilite un meilleur résultat, d'abord, vous devez choisir une crypto-monnaie sur laquelle vous allez investir.

Le choix de la crypto-monnaie exige une recherche approfondie sur l'actif, cela vous sert à établir vos critères personnels, à étudier l'évolution de l'actif sur le long terme, il est nécessaire de consacrer toute son attention à la réputation derrière la monnaie.

La meilleure consultation que vous pouvez faire est à travers les réseaux sociaux, mais surtout de prendre en compte l'avis de certains utilisateurs qui ont une expérience dans le monde des crypto-monnaies, cela vous permet d'arriver à la deuxième étape car c'est la recherche de l'idée principale sur laquelle l'actif est détenu.

Tant qu'une crypto-monnaie peut être axée sur la résolution de problèmes liés à la technologie Blockchain, cela signifie qu'il existe un avenir soutenu par une vision qui permet à l'actif de se développer, ce qui signifie que l'actif dispose de bases solides pour devenir le sommet d'une industrie.

Vous devez vous demander si cette crypto-monnaie attire toute votre attention, cela est simple à déterminer au moyen de la capitalisation du marché de la crypto-monnaie, cela signifie que la part de marché d'un actif numérique est testée, plus la capitalisation est élevée, moins elle implique de risque pour un investisseur.

L'expérience de l'investissement dans ce type de marché, s'acquiert par la diversification du portefeuille, en suivant la règle générale de ne pas placer tout son capital sur un seul actif, surtout lorsqu'il s'agit d'investissements à long terme, donc acheter au moins deux crypto-actifs à long terme peut vous permettre d'être plus confiant.

Les données qui existent sont comprises comme les chances d'un actif d'augmenter en valeur, car ce sont les profits que vous voulez poursuivre, une fois que cette étape est passée la prochaine chose est de déterminer le tracker de portefeuille de cryptocurrency, pour cela vous pouvez mettre en œuvre certains outils qui fournissent des informations détaillées.

Ce type de service qui fonctionne comme un navigateur, peut être trouvé par Cryptocompare ou Cointracker est également utile, car ce sont des utilitaires complets qui vous permettent de suivre vos investissements, à long terme ils vous permettent également d'avoir un portefeuille numérique qui est multi-devises par nature, il devrait être sûr et sécurisé.

5. Le type de crypto-monnaie que vous pouvez choisir

Lors de la constitution d'un portefeuille de crypto-monnaies, l'une des étapes mentionnées ci-dessus est l'analyse du marché, car elle facilite l'évaluation du type d'options existantes dans lesquelles investir, en recherchant une alternative prometteuse, de sorte que le potentiel peut être mesuré même dans un type de catégories qui aident à évaluer les préférences.

La création du portefeuille part de ces principales crypto-monnaies, qui fonctionnent comme des piliers essentiels pour le niveau de capitalisation qu'elles représentent et l'influence qu'elles sont capables d'exercer, dans le cas du Bitcoin c'est une alternative qui fait bouger le monde entier à chaque mouvement, et qui est un choix d'investissement raisonnable.

D'autre part, un type de crypto-monnaie puissant comme l'Ethereum (ETH), qui alimente des échanges décentralisés, constitue une évolution très précieuse sur le marché car il s'agit d'une variable sur la blockchain, qui soutient à son tour la valeur de l'ETH et devient un instrument très précieux pour lancer le portefeuille.

Mais sur ce marché, vous pouvez rencontrer des crypto-monnaies anonymes, car il s'agit d'un type d'actif où l'identité est prise en charge et qui, en même temps, assure la confidentialité pour tous les types d'utilisateurs au sujet des transactions, ce mode a une demande sur ce marché, car le monde s'attache à des blockchains plus technologiques.

L'adoption et les paris sur ce type de crypto-monnaies atteignent un nombre croissant, pour cette raison l'étude de cet aspect fait que les actifs numériques anonymes sont plus appréciés et investis dans le cadre de la routine quotidienne, l'une des crypto-monnaies les plus populaires qui garantissent la confidentialité est Zcash, qui permet toutes sortes d'opérations.

Un point à étudier en profondeur est le protocole des crypto-monnaies, car au milieu des actifs se développent des projets prometteurs à l'échelle mondiale, cela a commencé par des Initial Coin Offerings (ICO), cela est actuellement désactivé, car il est annoncé comme une arnaque, mais il y a des projets qui ont des solutions technologiques.

L'une des tendances décentralisées actuelles est instagrammée sur une industrie demandée, elle possède la motivation principale d'unir les applications du monde réel avec les contrats intelligents, à cet égard Chainlink a connu une croissance frappante sur les listes de cryptocurrency.

Dans le cas de Polkadot est développé dans le cadre d'un marché qui a un niveau élevé de crédibilité, grâce au fait qu'il s'agit d'une plate-forme qui a toutes sortes de solutions lors de l'exécution des transferts entre les chaînes, pour attaquer les problèmes d'évolutivité, pour la monnaie DOT est également un bon choix à long terme.

Dans ce même sens, Cardano (ADA) se distingue, car il est le résultat d'un vaste projet visant à renforcer certains problèmes centraux de la technologie blockchain, comme le manque d'évolutivité, l'augmentation du niveau de vitesse des transactions, en tant que signe de sécurité et de transparence.

La réputation de ce type de crypto-monnaie est impeccable, donc ayant une capitalisation boursière élevée elle a un fort potentiel pour émettre des solutions à tout événement, cette monnaie ADA s'inscrit complètement dans les stratégies du portefeuille de crypto-monnaies.

Un actif à suivre de près est MIOTA, car il est connu comme un actif de grande pertinence, bien qu'il y ait un détail derrière la crypto-monnaie IOTA est la façon dont il fonctionne, en raison du fait qu'il n'a pas de commission ou de mineurs, parce que les développeurs du projet ont formé un réseau autosuffisant qui est évolutif et permet de confirmer les transactions.

Ce type de projet ne fonctionne pas grâce à la technologie Blockchain, mais utilise une forme de consensus comme Tangle, mais conserve les autres qualités des monnaies numériques, comme la décentralisation, les méthodes de cryptage et l'absence de contrôle externe.

Une option intéressante à mesurer est NEO, qui a des avantages considérables qui ont généré la confiance, au point de se classer comme l'une des principales pièces en termes de nombre de capitalisation totale du marché, d'autres alternatives que vous pouvez étudier est Tron et EOS, puisque sa création a une blockchain native.

Mais toujours la situation et le marché est encore un facteur majeur, donc avoir un portefeuille avec des mesures prometteuses, peut réduire une certaine forme de perte, c'est un travail qui vous aide peut augmenter les paiements pour diminuer les frais qui existent sur les transactions internationales.

L'utilisation de XLM laisse une porte ouverte sur les entreprises, car il est utilisé par des entreprises qui ont des capitalisations millionnaires, en même temps il ne cesse pas d'être une crypto-monnaie économique, ses mouvements signalent une tendance haussière fréquente comme son développement typique.

Une version rapide de tout ce que représente le Bitcoin est le Litecoin, où il fait partie des premières ou principales crypto-monnaies du moment, et ses mouvements suggèrent qu'il s'agit d'un comportement durable, c'est pourquoi il peut être un achat idéal à long terme, surtout pour mettre en œuvre un certain signal prédictif qui est utile.

Une crypto-monnaie avec un grand parcours est le Bitcoin Cash, car c'est l'un des forks qui lui permet d'être une crypto-monnaie avec la plus grande capitalisation boursière, mais c'est une industrie qui fournit beaucoup d'actifs pour que vous puissiez choisir celui que vous trouvez le plus fiable pour vos plans.

Chaque cryptocurrency a une offre différente et spéciale, aussi son achat est plus facile avec le type de technologie qui est actuellement impliqué dans chaque étape financière, vous pouvez investir tant que vous gardez à l'esprit le degré de volatilité à laquelle vous allez vous exposer.

Les crypto-monnaies peuvent-elles être des investissements à long terme ?

Entrer dans le domaine des crypto-monnaies peut soulever de nombreuses questions, la principale étant de savoir si elles sont un bon instrument financier sur lequel parier à long terme, ce qui a été expliqué par des experts qui sont confiants dans le potentiel de croissance que chaque crypto-monnaie a montré.

La considération de ces monnaies virtuelles est due à sa large option d'investissement, mais à long terme peut être une question importante à laisser de côté, dans ce sujet a participé des institutions de renom comme la Banque d'Amérique comme il a exposé un rapport sur les vertus de ce type d'investissement à long terme.

Les sommets historiques atteints par ces actifs sont la preuve que ces marchés financiers sont plus intéressants que les marchés traditionnels et qu'ils peuvent être exploités dans le cadre d'une opportunité numérique qui peut changer des vies.

L'analyse présentée sur les crypto-monnaies, travaille pour régler ce concept, mais en même temps il faut avoir la force d'âme d'attendre les chutes qui se présentent, où une règle d'or à suivre est d'attendre que le prix diminue pour faire partie de l'achat des crypto-monnaies, de cette façon vous ne vous laissez pas obscurcir par cette option.

Les revues et études commerciales soulignent qu'il existe toujours une grande crainte d'investir dans les crypto-monnaies, en particulier de perdre complètement son investissement, car il s'agit également d'un marché qui connaît constamment de profondes récessions, c'est pourquoi on l'appelle un environnement volatile.

Mais les creux sur le monde des crypto-monnaies peuvent se transformer en un saut de qualité, c'est une avenue de profit et est décrit comme un achat opportun, il est rentable tant que vous pouvez esquiver la vente désespérée, en mettant cela de côté vous pouvez tomber sur les meilleurs jours sur ce support.

Investir en période difficile est une aide pour succomber aux pertes, les marchés baissiers sont un début opportun pour effectuer un investissement à long terme, c'est une façon de former une stratégie complète sur ce support, mais il a été prouvé qu'il faut au moins 1100 jours pour récupérer des pertes.

Tout cela dépend du comportement des crypto-monnaies, c'est ce qui démontre le rythme auquel l'actif évolue, où la volatilité est une qualité à vivre, notamment à cause de ce redoutable équilibre baissier, cela pousse vers la matérialisation de reprises rapides également, au-delà de ce que vous pensez.

Formuler une stratégie pour investir dans les cryptocurrences à long terme.

Le marché derrière les crypto-monnaies a une très grande mobilité, cela est dû à sa croissance, mais sans tendances fixes, donc faire du hodl est l'une des tâches à maîtriser, bien que cela puisse être compliqué pour les débutants, c'est une situation où la première chose est d'assumer le type de pertes auxquelles vous faites face.

Mais il n'y a pas de certitude sur le marché, c'est un sentiment avec lequel vous devez composer, car il est impossible de savoir avec certitude quelle direction prendra un investissement ou le marché lui-même, même si certains gourous offrent des signaux ou des prédictions, mais ces estimations peuvent ne pas fonctionner au final.

Par conséquent, la meilleure réponse est d'analyser et de former une stratégie qui vous permet de gagner de l'argent à long terme, c'est ce qui ouvre les possibilités de bénéfices de se matérialiser par une voie plus sûre ou au moins par la main de vos propres décisions, pour cela vous devez estimer certains aspects.

Au fur et à mesure que vous connaissez et étudiez certains points, vous pouvez générer des bénéfices pour former un portefeuille sain et bien nourri, où vous devez éliminer certains aspects négatifs tels que les problèmes de psychologie humaine, aucune idée n'est infaillible, mais elle peut être une stratégie formée par des règles d'or lors de l'investissement.

La définition de quelques bonnes pratiques peut vous aider à éviter une perte totale, voire à trouver des opportunités rentables qui attirent l'attention, mais il n'est pas nécessaire de se concentrer entièrement sur tout ce qui peut mal tourner, mais il ne faut pas non plus avoir l'illusion d'acheter et de garder son argent intact.

La position la plus recommandée ou la plus assumée est de faire du hodling, où les recommandations exposées dans Coinmarketcap sont suivies comme une façon de former le portefeuille de crypto-monnaies, en suivant le top exposé dans les plateformes reconnues, mais en partant de la qualité qu'il y a beaucoup d'actifs jeunes et qui peuvent aboutir à tout.

Penser à un plan stratégique est essentiel et vous apporte de nombreux avantages. Vous pouvez suivre ces lignes de comparaison ou ces concepts pour avoir une démarche ferme à suivre :

- **Construire une stratégie d'investissement à long terme**

La principale chose à prendre en compte est que le capital que vous allez investir ne doit pas être indispensable à vos dépenses courantes, c'est-à-dire qu'il s'agit d'argent que vous êtes prêt à perdre, car il s'agit de fonds auxquels vous ne pourrez pas recourir tant que la période de temps estimée ou un gain souhaité en termes de pourcentage ne se sera pas écoulé.

L'objectif est que vous ne pensiez pas au fonds qui n'est pas disponible, de la même manière il est vital de connaître en profondeur le projet sur lequel vous allez investir, car de celui-ci dépend la croissance ou le progrès de cet actif, pour atteindre ce point de conviction vous devez vous demander le type de problèmes qu'il résout et l'industrie à laquelle il est dédié.

La connaissance est également importante lorsqu'il s'agit d'explorer qui est derrière le projet, de cette façon, lorsque ces réponses sont présentées, vous pouvez éviter de perdre de l'argent, notamment en raison d'un manque de connaissances, cette partie de votre stratégie devrait intégrer les grands mouvements qui sont présentés sur le marché.

Le large avenir des crypto-monnaies dépend de la fondation qui existe sur un projet, ce point de départ est essentiel pour le long terme afin de visualiser le côté prometteur, de la même manière que cela fonctionne pour les investissements à moyen terme, car la technologie blockchain dépend de ces facteurs d'évolution.

L'influence de ces questions est établie pour rester dans le temps, c'est-à-dire les cryptocurrencies sont propres jour après jour, donc parier sur cette façon est une amélioration pour toute personne qui obtient le bon investissement, garder cela à l'esprit ouvre la voie à investir systématiquement pour acheter quand le prix est au point le plus bas.

Ensuite, la vente se concentre sur les moments surévalués, mais réussir précisément est ce qui demande beaucoup de travail ou de vision, ce qui pour certains peut sembler impossible, mais investir implique une méthodologie pour obtenir des résultats, l'essentiel est de ne pas s'inquiéter de certains mouvements du marché.

L'environnement des crypto-monnaies sera toujours classé comme un environnement volatile, donc vous allez toujours vous exposer à des situations stressantes constantes, mais lorsque vous l'acceptez et que vous trouvez comment l'éviter, vous pouvez faire face à tout ce qui arrive, au point d'ignorer tout ce qui arrive, c'est le genre de bien-être qu'un investisseur peut envisager.

Dans les investissements à long terme, vous devez vivre avec un concept appelé "Market Timing", c'est une capacité illusoire de trouver la direction dans laquelle le marché va se déplacer, mais il est décrit comme illusoire parce que c'est une action pratiquement impossible, peu importe combien d'années vous possédez sur cette alternative.

Lorsque vous essayez de gagner ce type de domaine, vous pouvez tomber dans une série d'étapes désastreuses, qui peuvent vous conduire à perdre de l'argent, donc dès le début vous devez comprendre que cet effort peut être vain parce qu'il est complexe, à la fin c'est une intuition même.

- **L'outil de la connaissance de soi**

Sur le marché des crypto-monnaies, vous devez faire face à un fait important, cela n'a rien à voir avec la volatilité, et encore moins avec les escrocs, mais directement avec vos propres émotions et croyances sur ce support, c'est pourquoi les stratégies ont ou gardent l'intention de contrôler les sentiments.

Pendant le processus de prise de décision, la chose la plus correcte à faire est de rester dans un état neutre, car vous allez faire partie d'un marché qui n'a pas un comportement rationnel, mais dans un court laps de temps, certaines nouvelles sortent, et pour cette raison vous ne devez pas courir pour vendre, et encore moins sans réfléchir à ce que cela signifie pour vous.

À long terme, vous devriez négocier avec un niveau de rationalité plus élevé, car cette qualité peut ensuite être utilisée pour éviter d'être intimidé par tout mouvement, car avec la peur, vous pouvez commettre les erreurs courantes suivantes :

1. Vous investissez dans un actif que vous ne connaissez pas, ou que vous ne comprenez pas.
2. Vous ne pensez pas à diversifier vos investissements.

3. Vous achetez et vendez en permanence.
4. Vous utilisez l'effet de levier et faites des achats à découvert.

Il est également vrai que le côté humain, dans certaines occasions, peut être incontrôlable, car on accorde généralement plus de valeur à l'aspect émotionnel de chaque étape ou décision, dans ce cas, il s'agirait de se laisser entraîner par une devise ou par un mouvement du marché.

Ce genre de point de vue devrait s'appliquer lorsqu'une personne déclare qu'une monnaie devrait augmenter, simplement parce qu'elle aime le concept ou quelque chose de similaire, car lorsque le contraire se produit, vous allez vouloir trouver une excuse pour dire qu'il s'agissait d'un mouvement inhabituel, mais vous n'avez jamais supposé que vous aviez tort de tenir cette position.

Le marché a un comportement comme n'importe quel autre, au-delà du genre de sentiments que vous pouvez développer pour lui, pour cette raison le côté rationnel ne peut pas disparaître pour n'importe quelle raison.

- **Recherche des projets dans lesquels il faut investir**

Une fois que vous investissez sur le long terme, il n'y a pas besoin de s'en tenir aux chandeliers, encore moins aux tendances qui sont marquées sur un graphique, mais sur les points clés qui existent sur le projet de crypto-monnaie, donc une recherche personnelle vous aide à obtenir des réponses, ce n'est pas une démarche compliquée et c'est très utile.

Dans le cadre de la recherche que vous faites, vous devez répondre à certaines caractéristiques, celles-ci doivent être étudiées en profondeur et analysées pour prendre une position sur n'importe quelle cryptocurrency, au sein de laquelle souligner les points suivants :

1. Quoi et qui est derrière le projet.
2. L'actif et sa valeur sont suffisamment clairs.
3. Comment le projet fonctionne, découvrez tous les aspects techniques.
4. Le type de problème qu'il résout et son association avec des problèmes réels.
5. Déterminez s'il s'agit d'un réel problème.
6. L'industrie dans laquelle l'actif est engagé.
7. Les partenariats derrière une crypto-monnaie.

Ce chemin vous permet de reconnaître plus facilement la technologie qui existe sur les crypto-monnaies, puisque l'industrie qui soutient ces titres ou impose un but aux pièces possède un poids déterminant, mais en attendant les bénéfices vous devez rester loin de ces points, de même que des articles qui suggèrent un investissement quelconque.

La lecture de certains réseaux sociaux ne suffit pas, il s'agit de simples opinions. Une recherche personnelle peut donc vous ouvrir la voie, car la responsabilité d'investir est de votre côté, indépendamment de ce qu'ils peuvent vous recommander.

- **Le portefeuille d'investissement diversifié**

Une arme puissante dans l'environnement des crypto-monnaies est la diversification, car c'est le meilleur moyen de faire baisser les risques, car peu importe le temps que vous avez passé à lire sur un projet, il y a encore beaucoup à apprendre, notamment parce que pour surmonter la phase d'incertitude, il faut affronter des risques que vous ne connaissez pas.

En achetant différents actifs, il est possible de réduire la marge d'erreur, mais l'avenir ne peut pas être assuré, même si une crypto-monnaie s'avère prometteuse, car elle peut valoir quelques centimes au début et ensuite augmenter considérablement ou être un flop, tout peut arriver.

Aujourd'hui, comme on trouve différentes monnaies, vous pouvez penser à parier sur les meilleures, mais il y a des menaces à garder à l'esprit qui sont capables de renverser toute prévision, car aucun type d'industrie n'est complètement amélioré et garanti par une crypto-monnaie, en raison du fait que les autres industries sont une compétition elle-même.

Dans le cas de IOTA au début n'a pas utilisé la technologie blockchain, mais aujourd'hui il y a Circle et Hashgraph, la même chose se passe avec Ripple qui a été dédié à soutenir le système bancaire, mais à travers Stellar cherche à obtenir une part du marché de la première.

La recherche d'un portefeuille équilibré, passe par deux alternatives, premièrement, en gardant un montant similaire sur chacune des crypto-monnaies qui font partie de votre portefeuille, ou deuxièmement vous pouvez avoir plusieurs types de crypto-monnaies, ces deux approches sont recommandées.

Une étape de base est de créer le portefeuille d'investissement à travers différents types de cryptocurrences, ensuite vous pouvez vous concentrer sur la détention d'un investissement distribué en parts égales ou équilibrées, pour cela vous pouvez prendre comme référence un fonds de 10 000 USD et l'allouer à 10 cryptocurrences avec une valeur d'environ 1 000 USD sur chacune.

Les types de crypto-monnaies sont les suivants :

1. Des jetons qui sont basés sur des actifs.

Le jeton basé sur les actifs est en plein essor et émet une représentation sur la valeur d'une autre classe d'actifs, cela s'applique sur l'or, les pièces d'art, la monnaie fiduciaire, entre autres, cette modalité vous permet d'investir dans des actifs qui ne sont pas des cryptocurrences elles-mêmes, mais à travers le même vous pouvez parier sur eux.

Ils sont connus sous le nom de Stable Coins ou pièces stables, c'est un moyen d'acquérir ces biens de manière simple, ainsi au lieu d'acheter une œuvre d'art valant des millions, vous pouvez en avoir une partie grâce aux jetons, c'est une fraction des prix qui rend tout plus intéressant et à votre portée.

La même chose se produit lorsque vous souhaitez investir dans l'or, car vous ne disposez pas d'un actif physique et vous n'avez pas à vous préoccuper du stockage, c'est un moyen beaucoup plus simple de faire partie des actifs les plus intéressants au monde.

2. Jetons faisant référence à des valeurs.

Les jetons de valeur sont développés avec la fonction d'obtenir des fonds, cela signifie qu'ils ne donnent aucun accès à un service, mais permettent de participer à la croissance du projet, c'est aussi un avantage car si vous retirez le jeton au fil du temps, vous obtiendrez une compensation.

Ce type de crypto-monnaie n'est pas aussi populaire que les autres, mais l'attention doit être dirigée vers les règlements qui ont ces actifs, donc il peut être un plus grand risque que d'autres options, parce que le niveau d'incertitude est complexe à diminuer.

La question de la sécurité ne limite pas qu'il s'agit d'un type d'investissement intéressant, parce que dans le milieu de la collecte de fonds est une solution avec un grand potentiel, en aidant à former une meilleure structure des actionnaires au sein de la société, vous pouvez examiner la question du cadre juridique pour prendre ces mesures avec confiance.

3. Jetons d'utilité.

Les jetons correspondant aux utilitaires sont construits ou dédiés pour les dapps, c'est-à-dire pour avoir un accès complet aux services fournis par les plateformes, sa conception est purement axée sur une application Blockchain, il est considéré comme un type de jetons qui sont risqués, en raison de l'étape dans laquelle ils sont.

Dans le cas de l'utilisation sur Ethereum présente encore des problèmes de scalabilité, et un autre aspect négatif est de ne pas savoir la plate-forme choisie à long terme comme le favori, comme il peut être une préférence accentuée sur NEO et puis sur Ethereum, il n'y a aucune garantie de cela, donc le développement de chaque application est condamné à ces doutes.

Tout dépend du travail qui se cache derrière une plateforme, car si, dans le cas d'Ethereum, le détail de la scalabilité est résolu, cela signifie que le service fourni sur les applications ne sera pas le plus approprié ou le plus recherché, donc lorsqu'un service efficace sera fourni, ce qui se passera, c'est que le jeton augmentera et fournira des récompenses.

4. Pièces de certaines plateformes.

Ce sont des monnaies complètement associées à la technologie Blockchain et qui ont dans leurs fonctions la création d'applications sur celle-ci, celles-ci sont connues comme Ethereum, Cardano, Lisk, NEO, et d'autres, comme la plateforme est beaucoup plus utilisée, plus de demande existera sur les crypto-monnaies.

Parce que les crypto-monnaies sont utilisées sur des applications, cela signifie que grâce à la même peut être acheté dans une ICO, ce type de monnaie a été considéré comme l'un des plus sûrs, aussi harbor un grand potentiel de croissance future, parce que leur blockchain promouvoir des solutions au niveau décentralisé.

Il est difficile de déterminer quelle crypto-monnaie a le meilleur développement, mais avec une enquête approfondie vous pouvez diversifier vos options, c'est une catégorie à découvrir à fond, surtout pour utiliser à votre avantage l'avantage qu'ils n'ont pas de règlements et maintiennent leur forme complète parce qu'ils sont créés pour acquérir des services.

5. Monnaies transactionnelles.

Il s'agit d'un type de crypto-monnaies qui remplissent la fonction de fournir de la valeur, un exemple clair de ce concept est le Bitcoin, car c'est un actif qui remplit ces conditions, la même chose se produit dans le cas de Litecoin, Zcash, Dash et d'autres, beaucoup d'entre eux ont un niveau élevé de popularité, où beaucoup apprécient le type de confidentialité.

Au-dessus de ces options mentionnées, vous pouvez trouver d'autres catégories, mais ce ne sont que des classifications formelles et quand il s'agit d'investir, vous pouvez prendre en compte les types de crypto-monnaies ci-dessus, dans le cas des ICOs, elles correspondent à n'importe laquelle des classifications mentionnées, c'est une offre variable.

En connaissant le concept de chaque type de crypto-monnaie, vous pouvez vous diversifier en pariant sur chaque type d'actif en pourcentage en fonction de votre niveau de confiance ou de la mesure dans laquelle ce concept est prometteur pour vous, il peut s'agir de 30% pour les pièces transactionnelles, 25% pour les pièces de plateforme, 10% pour les jetons de valeur et d'utilité et 25% pour les jetons adossés à des actifs.

Les options préférées pour compléter avec ce pourcentage, sont estimées en Stellar, Ethereum, Bitcoin, Cardano, Monero, NEO, IOTA, et EOS, c'est un exemple que vous pouvez ajuster à votre préférence, vous devez penser à un équilibre qui peut s'ajuster à vous, en plus d'assumer le risque de chaque cryptocurrency selon votre concept ou projet.

L'alternative la plus courante est d'avoir une proportion équilibrée de fonds, mais sans raison, vous pouvez le faire de manière disproportionnée, et choisir de vendre ceux qui ont trop augmenté, pour commencer à acheter d'autres qui sont bas sur le marché, de cette façon le portefeuille reste vivant acquérant pourcentage de profit.

- **Autres composantes de la stratégie**

À la conclusion d'une recherche sur le monde des actifs, vous pouvez choisir en toute confiance la crypto-monnaie, pour passer à d'autres éléments de la stratégie d'investissement à long terme, cela permet de remplir l'objectif de préserver la discipline dans chaque étape ou décision, car c'est l'aspect important pour que les pertes ne soient pas générées.

Si vous ne prêtez pas attention à la question de la discipline, vous n'aurez pas la capacité de supprimer vos émotions concernant vos décisions d'investissement ou financières, c'est ce qui vous permet d'avoir une chance de récolter des bénéfices lorsqu'un marché haussier se présente, mais si vous vendez prématurément ou de manière inappropriée, vous le regretterez.

Les meilleurs conseils ou actions pour compléter un investissement en crypto-monnaies à long terme sont les suivants :

1. Choisissez une période pour étudier le portefeuille en profondeur jusqu'à ce que vous soyez suffisamment confiant, il en va de même pour mesurer les progrès et prendre des décisions à son sujet, cela peut être fait une fois par semaine ou une fois par mois, l'important est que ce soit un jour confortable pour ne pas se presser et faire une bonne analyse.
2. Utilisez une application pour effectuer une analyse approfondie des prix, une bonne alternative est Altpocket, car elle vous permet de visualiser la performance qui existe sur l'ensemble des options du portefeuille, c'est une vue large qui inclut la variété des cryptocurrences.
3. Créez une fourchette de prix moyenne, cela permet de mesurer le montant maximal de l'investissement dont

vous disposez à cette fin, ainsi que la durée pendant laquelle vous allez conserver cet investissement.
4. Décider de la stratégie pour obtenir des bénéfices, c'est-à-dire déterminer le moment où vous allez vendre la crypto-monnaie pour récolter des bénéfices, et combien vous allez vendre, il est préférable de conformer le portefeuille par pourcentage sur lequel vous devez avoir de la persévérance pour vendre de manière équilibrée.

Ce type de données est estimé pour avoir une clarté sur les étapes à suivre, afin qu'aucun scénario ne vous prenne par surprise, grâce à un support vous agirez au bon moment.

- **Estimations d'achat**

En ayant ces règles de base, il est plus facile d'avoir tout clair lors de l'achat de cryptocurrences pour construire votre portefeuille ou votre portefeuille, il est préférable que les achats se fassent progressivement, afin de réduire la volatilité, car identifier le meilleur moment est une tâche impossible.

Mais il est préférable d'acheter un peu à la fois, car cela n'affecte pas négativement vos fonds ou votre investissement, vous pouvez réduire les risques de cette façon, plus le prix moyen vous permet d'acheter plus facilement différentes options de cryptocurrency, au lieu de placer tout votre investissement en une seule fois.

En suivant ce type d'étapes, vous pouvez atteindre un bon prix, et en même temps vous pouvez diminuer les émotions liées à ces transactions, sans penser à la situation future du marché, il suffit de fixer différentes périodes pour acheter sans faire attention à la situation actuelle du marché.

Le programme ou prix moyen, peut être mesuré par la fréquence sur laquelle vous prévoyez d'investir, il peut être hebdomadaire, mensuel et annuel, cela va en combinaison avec le montant à investir sur chacune des séries d'achats, parier sur un coût moyen est un moyen important de réduire le risque sur n'importe quelle situation.

Lorsque vous investissez pour le long terme, ce que vous visez est que la valeur de la cryptocurrency peut augmenter, ce genre de vue diminue sur votre tuck toute pression, une autre option est d'acheter tout à la fois lorsque vous voyez un prix remarquablement bas, mais cette étape comporte beaucoup de risques.

Mais lorsque vous achetez en une seule fois et que le prix baisse, vous pouvez penser à vendre en une seule fois, car il s'agit d'une position psychologique beaucoup plus complexe pour vous, mais acheter à des prix différents n'affecte ni ne génère cette lutte interne pour détecter le bon moment.

Au moment de la mise en place des ordres ne doit pas être effectuée sous le prix du marché, parce qu'au début, il peut être une action pratique, mais cela diminue le bénéfice par la question du pourcentage, aussi lorsque vous optez pour certains échanges comme Kucoin, Binance, Bittrex et Poloniex, vous pouvez trouver des prix qui ne sont pas les meilleurs sur le marché.

- **Rééquilibrer le portefeuille**

Le rééquilibrage du portefeuille est une activité conçue comme un processus de gestion d'actifs, qui consiste à vendre certaines crypto-monnaies dont la valeur a beaucoup augmenté, et à en acheter d'autres pour équilibrer, de sorte que les actifs du portefeuille d'investissement ne perdent pas de leur importance.

Quand une crypto-monnaie est réduite à 400%, et que d'autres ont une stabilité, cela signifie que l'actif peut devenir 40% de votre portefeuille, même si au début vous n'aviez que 10% pour ce type d'actif, une façon de voir ces changements est à travers un diagramme circulaire.

Cette méthode est un exemple de suivi pour que vous puissiez obtenir toutes les informations des actifs que vous avez, une première action est de vendre la partie des crypto-monnaies qui ont augmenté dans de grands niveaux ces derniers temps, ce genre de démarche doit être effectuée sur une base hebdomadaire, mensuelle ou semestrielle.

Mais le plus conseillé est que vous ne choisissez pas de courtes périodes, parce que la question des commissions n'est pas rentable, une fois au moins tous les trois mois, est le meilleur, sans tomber dans une certaine situation volatile de prendre une décision, parce que cela ne laisse que de mauvais résultats au cours de l'achat et la vente.

- **Acquérir les bénéfices**

Prendre des bénéfices peut sembler simple à première vue, surtout lorsque vous vous rendez compte que votre investissement a augmenté, puisque l'objectif est d'atteindre un point de rentabilité, mais c'est un chemin compliqué et à long terme, il doit être maintenu, à moins que certaines conditions n'aient changé radicalement.

Si vous n'avez pas besoin de ce fonds qui est investi, il vaut mieux observer une évolution normale pour attendre la croissance de chaque crypto-monnaie, car il est inutile de retirer l'argent dès qu'il y a une seule hausse, et de manquer les sommets qui se présentent, il est difficile de contrôler le désir de vendre quand on remarque qu'il commence à augmenter.

Il peut être avide de viser un pourcentage de profit, mais si vous y croyez vraiment sur la base d'un projet, vous pouvez franchir cette étape, bien que vous deviez tenir compte du fait que ce n'est pas un point facile à déterminer, et que vendre dans l'urgence n'a pas beaucoup de sens, bien que vous puissiez avoir besoin du fonds, il est préférable d'attendre et de recevoir la récompense des résultats.

Ce type de stratégie est ce qui vous permet de laisser de côté les moments de peur, car ce sont des situations qui peuvent limiter la progression des bénéfices, il ne faut donc pas se laisser emporter par les nouvelles ou par l'évolution du prix, car ces idées ne font que vous conduire à l'erreur.

Il est essentiel de réitérer qu'une bonne recherche peut fonctionner comme un point clé pour investir à long terme, tout en acceptant que vous n'aurez pas toujours raison, mais une étude approfondie des projets vous aide à réaliser des bénéfices, au lieu d'être obsédé par l'examen des graphiques, car cela dépend du mode d'investissement.

Exemples et visions d'investissement à long terme dans les crypto-monnaies

Un investissement à long terme dans les crypto-monnaies est estimé comme une longue période de temps, il peut être composé entre 12 mois et plus de 18 mois, mais le plus conseillé dans le monde des crypto-monnaies est de soutenir une période de temps encore plus longue, il est habituel d'établir une stratégie qui vous permet de récolter des profits qui génèrent la tranquillité d'esprit.

Comme vous pouvez profiter du temps, vous pouvez le laisser être un élément qui fonctionne comme un allié pour vous, de cette façon vous pouvez matérialiser la rentabilité de vos actions, mais cela se construit au moyen d'un investissement énergique, ce niveau de constance ne doit pas recevoir ou compter sur de grandes oscillations.

La recherche de bénéfices est basée sur l'utilisation des flux effectifs, ceux-ci sont offerts ou cédés par les actifs que vous placez dans votre portefeuille, de cette façon vous obtenez une réévaluation sur les actifs du marché, la grande différence avec les investissements à court terme est que ceux-ci sont beaucoup plus volatils.

La première étape consiste à reconnaître la valeur de la diversification, mais cela nécessite une approche détaillée du risque et du rendement, afin de comprendre ce à quoi vous êtes confronté et de pouvoir allouer votre argent avec plus de confiance.

L'approche d'un investissement à long terme doit suivre un profil beaucoup plus mesuré, car c'est la meilleure façon de faire des pas plus stables, au point d'être un investissement qui durera de nombreuses années sans pertes sérieuses, les actifs doivent être solvables pour produire un rendement.

- **Des investissements à long terme qui sont rentables**

Un aspect à prendre en compte en permanence est le risque, ainsi que la réaction humaine qui consiste à le minimiser pour s'ouvrir au mode long terme, mais il est également important de faire attention à la rentabilité car elle va de pair avec le risque pris, c'est pourquoi la plupart des gens préfèrent se concentrer sur les options à faible risque.

Mais le devoir exige d'être placé sur un actif qui est reconnu comme rentable, pour cela vous pouvez ajuster le risque avec le portefeuille ou les actifs que vous avez en vue, en outre il y a l'option de le combiner avec des actifs qui sont sûrs pour équilibrer le résultat final tout en gardant le risque dans un point optimal.

Par conséquent, les portefeuilles doivent être diversifiés, mais pas dans des actifs individuels. Il faut plutôt rechercher une action, car c'est un moyen d'obtenir un rendement plus élevé, et à long terme, cette vision est idéale car les actifs ont un meilleur rendement par rapport aux autres instruments financiers.

La combinaison d'actifs vous permet d'atteindre la stabilité, et en même temps la cohérence, c'est ce qu'on appelle une formule financière gagnante, cette façon est idéale pour constituer une option d'investissement solide pour compléter un portefeuille compétent, au moyen de ces options :

1. **Investissement en dividendes**

Il est exposé comme une stratégie dédiée aux investissements à long terme, en même temps c'est une modalité simple et efficace ; à son tour, c'est une dynamique à travers laquelle on poursuit l'hypothèse de parier sur les bénéfices de certaines entreprises, surtout celles qui sont organisées pour la structure des actionnaires.

Elle est connue comme une stratégie basée sur les investissements en actions, c'est pourquoi elle est spéciale pour les crypto-monnaies qui sont ancrées à un projet similaire, car le rendement de ces actions peut être transformé en revenu variable parce que les dividendes qui peuvent être perçus ne sont pas fixés sur un certain contrat.

Tout dépend du type de profit que la société elle-même réalise sur n'importe quelle activité, vous devriez donc préférer une société qui augmente le niveau de ses profits, ce qui est directement perceptible sur les dividendes, cela fonctionne comme un moyen croissant de générer des revenus au fil du temps.

Les fluctuations du marché dans ce cas ne sont pas si importantes, elles influencent seulement le moment où une action perd sa valeur, mais cela signifie seulement que c'est le moment d'acheter, car cela conduit à un moyen d'investissement très rentable, chaque investisseur peut profiter des dépréciations pour jouir d'une plus grande rentabilité.

2. Répliquer un index

Dans le sujet de l'investissement est crucial d'enquêter sur certains fonds, parce que vous pouvez reproduire le comportement d'un indice du marché, cela peut être développé dans un revenu fixe ou variable, donc d'obtenir ou de participer à ce fonds et de créer un portefeuille d'actifs, peut être composé au moyen d'éléments appelés fonds indiciels.

Ce parcours financier est très utile, car il s'agit de reproduire l'économie sans se soucier de la formation du portefeuille, c'est une gestion connue sous le nom de philosophie passive, l'indice est une mesure qui est définie comme une pondération ou une moyenne, donc le degré de volatilité est plus faible.

Les oscillations qui sont générées sur ces actifs, en mesure de se compenser, de sorte que le risque est complètement diminué est une formule pour lutter contre le marché, ce qui implique d'accepter beaucoup de risques, mais connaître les impulsions du marché peut encadrer un horizon.

3. Fonds d'investissement alternatifs

Lorsque vous ne pouvez pas trouver un fonds qui reproduit le comportement exact, vous pouvez penser à un investissement par le biais de fonds de revenu qui est variable, c'est un moyen de réinvestir dans les rendements du fonds lui-même, en utilisant ce qui a été produit, il devient donc un instrument financier très utile par le biais d'un investissement à long terme.

4. Investir dans la valeur

C'est une stratégie avec une grande popularité grâce au parrainage de Warren Buffett, qui a été responsable de la création d'une institution financière dans le monde comme une religion elle-même, c'est une alternative où le choix d'un fonds à revenu variable est établi, car il développe une évaluation du projet derrière l'actif.

En pratiquant une certaine évaluation, vous pouvez reconnaître la valeur derrière l'objectif d'une action, de cette façon vous pouvez comparer le résultat obtenu avec le prix qui peut coter cet actif, en outre vous pouvez obtenir une sorte de réduction qui est connue comme un aspect fondamental.

Les stratégies les plus efficaces pour investir dans le Cardano

Cardano est extrêmement intéressant, il a sa naissance dans cet environnement financier depuis 2017 et depuis ce temps il est resté à grimper des positions importantes, cela va de pair avec le concept que les crypto-monnaies ont puisqu'elles ont une fluctuation de prix et peuvent être inatteignables pour certains.

Mais au-delà de certaines caractéristiques que possède ce marché, il y a une grande audace de la part des utilisateurs pour parier sur les actifs numériques, et cela a produit un gain important sur des options de poids comme Cardano, à travers sa crypto-monnaie ADA.

Indépendamment du fait que le monde des crypto-monnaies n'est pas réglementé, l'important est de déterminer les tendances qui apparaissent sur ce support, où ADA se positionne comme un pari attractif, chaque investisseur devrait considérer ce type d'opportunité qui est représenté comme une blockchain conçue par Input Output Hong Kong (IOHK).

L'intérêt des investisseurs est réalisé sur ce projet, l'échelle de Cardano dans le monde est de grande notoriété, car il a atteint des positions frappantes dans les classements, beaucoup expriment que cela est dû au fait que son arrivée a coïncidé avec d'autres lancements sur ce support, Ada en tant que cryptocurrency a monté en flèche en valeur.

La classification des jetons, réaffirme cette alternative comme l'un des 10 meilleurs sur la capitalisation du marché, donc toute la concentration est dédiée sur la blockchain Cardano, qui a une structure à deux couches, l'un est appelé

Cardano Setlemet Layer, qui est responsable de l'exécution des transactions de cryptoactifs.

L'autre couche qui fait partie du bloc est appelée couche de calcul Cardano, cette partie est dédiée à la mise en œuvre des applications et à la participation des développeurs, c'est pourquoi c'est une nouveauté qui est appréciée par tous les investisseurs, car les autres crypto-monnaies comme le Bitcoin, le Ripple et autres sont celles qui utilisent la blockchain.

Le Cardano est progressivement devenu un actif très excitant, et les grands échanges l'ont facilité pour être un achat disponible pour chaque utilisateur, c'est une lacune importante pour investir à long terme, indépendamment du fait qu'il n'a pas une longue histoire, puisqu'il n'a pas plus de 5 ans de création.

Vous pouvez parier sur un outil avancé pour mesurer le risque de cet investissement, cela fonctionne comme une protection pour vous permettre d'atteindre des positions importantes à un niveau volatile, en obtenant les mouvements que cet actif a développé sur le marché, en observant ces résultats vous pouvez mesurer les risques et en prendre la responsabilité.

Différentes communautés partagent les critères d'étude de cette cryptocurrency en profondeur, vous pouvez construire une grande stratégie pour investir pour toute sa valeur, cela est connu comme les investisseurs populaires et les utilisateurs CopyFunds comme une sorte de conseil pour former un portefeuille d'investissement.

Ce qu'il faut garder à l'esprit lorsqu'on investit dans les cryptocurrences à long terme.

Le rendement qui existe sur le marché des crypto-monnaies est frappant, car il est capable de fournir jusqu'à 900%, ce niveau de rendement n'est évident dans aucun autre environnement financier, car avec une bonne estimation, vous pouvez investir 500 USD et obtenir comme résultat jusqu'à 5 000 USD, c'est pourquoi il est mis en œuvre plus régulièrement.

Un investissement à long terme est une mesure optimale, mais il faut faire attention car il évolue très vite, donc l'inclusion de stratégies est une exigence, tout en étant bénéfique pour augmenter votre richesse, car ces marchés ont une tendance à la hausse au fil du temps, cela fait partie de la motivation.

En outre, investir dans ce type d'actifs n'implique pas tant de frais, car les échanges génèrent un montant minimum par rapport à d'autres méthodes d'investissement traditionnelles, et c'est une mesure moins risquée car elle dépend de votre impulsion, c'est-à-dire que sous vos propres actions se trouve le niveau de profit ou de perte à affronter.

Mais il est important que vous possédiez un intérêt dans le monde des crypto-monnaies avec un portefeuille, ainsi que d'autres éléments qui sont en mesure de fournir une lecture beaucoup plus approfondie qui mesure le potentiel derrière de tels actifs, c'est un point de départ afin que vous puissiez faire des recherches plus approfondies à ce sujet et vous pouvez créer un cours d'action.

- **Indicateurs de valeur à long terme**

Pour vous permettre de suivre la valeur d'un actif sur le long terme, vous pouvez mettre au point les accessoires ou outils de mesure suivants qui vous donneront une vision plus précise de ce qui se passe sur ce marché :

1. **Part de marché**

Elle est décrite comme une part de marché qui permet de définir le niveau de proportion pour que la capitalisation du marché se développe, cette information sur les crypto-monnaies est essentielle à suivre de manière exhaustive, car lorsqu'il y a une part de marché notoire, c'est généralement une domination.

Le niveau de capitalisation boursière fait référence à l'espace pour connaître le niveau de viabilité qui existe à long terme, afin de pouvoir créer un portefeuille qui a un avenir et surtout une possibilité de croissance.

2. Valeur d'utilité

Lorsque vous voulez savoir si une crypto-monnaie va rester en place, à partir du moment où vous l'achetez et pendant quelques années, vous pouvez vous interroger et faire des recherches sur l'utilité de l'actif, ainsi que vérifier s'il s'agit d'un marché actif avec des utilisateurs, car ce sont des points clés pour savoir si elle est susceptible d'être un actif adopté.

Un exemple d'utilité réelle est l'Ethereum, parce qu'il vous permet de créer des applications décentralisées, ce qui signifie qu'il y a une grande commodité ou un besoin derrière lui, de cette façon il est facile de viser à le garder car il répond à cette utilité, et ainsi vous pouvez inclure un actif dans votre portefeuille.

3. **Volume des transactions**

Il s'agit d'un indicateur utilisé pour savoir si une cryptocurrency est réellement utilisée, cela peut être déterminé sous le volume de transaction, surtout dans son niveau historique est aussi un reflet de l'importance qu'elle a sur le marché, c'est aussi un signe que cela va augmenter et réaffirme comment il est évolutif de détenir cet investissement.

4. **Développement technologique**

Il est considéré comme un aspect clé à mesurer sur les crypto-monnaies, car il a une analyse sur la technologie qui soutient cet actif, c'est un signal pour reconnaître si c'est une alternative avec une probabilité de succès basée sur son développement technologique, c'est aussi une façon sur laquelle les transactions sont développées, plus efficace, plus les chiffres augmentent.

5. **Nouvelles du marché**

Dans le cas où une crypto-monnaie est en difficulté, vous pouvez étudier l'ensemble de la question et déterminer le niveau du problème impliqué, tant que ce n'est pas un obstacle qui limite la viabilité à long terme, vous pouvez continuer à être guidé par d'autres détails, car le rôle des médias ne peut pas être au-dessus de l'étude précédente.

L'important est que vous sachiez ce qui se passe pour émettre toute réaction ou vous renseigner sur les nouvelles des futures publications, cela affecte complètement le prix de l'actif, pour cette raison c'est un sillage qui ne doit pas être négligé, être à jour est une grande référence pour former et prendre des décisions au portefeuille d'actifs.

Ce sont des indicateurs de base, ils sont un signe de viabilité avant que vous ne leviez le petit doigt, au début vous pouvez garder cela à l'esprit pour avoir un portefeuille solide, tant que vous pouvez maintenir un pourcentage de ces actifs selon les résultats générés par la recherche.

- **La passion du risque**

Il ne fait aucun doute que la détermination de la portée de l'investissement à long terme est mesurée par l'exposition de la crypto-monnaie choisie, mais elle va également de pair avec la capacité de risque que vous tolérez, c'est-à-dire que plus vous prenez de risque, plus vous pouvez obtenir avec un mouvement gagnant, surtout par rapport à ce qu'un marché traditionnel vous laisse.

- **Les projections les plus populaires**

En ligne, vous pouvez trouver beaucoup de recommandations pour créer votre portefeuille, avec des différences et des préférences personnelles qui font ressortir les meilleures options qui existent pour récolter une bonne marge bénéficiaire, ces schémas en ligne sont populaires, mais vous pouvez vous en inspirer.

1. **Bitcoin**

Tout d'abord, dans chaque portefeuille d'investissement se trouve toujours le Bitcoin, c'est un actif de base par rapport aux autres crypto-monnaies avec la même classification décentralisée, depuis 2009 comme pionnier il fonctionne comme une inspiration dans le monde financier, en raison de sa trajectoire large il est utilisé dans de plus en plus de transactions.

Le marché des crypto-monnaies est volatile, cela fait partie de ses principales spécifications, vous pouvez donc mettre en place un portefeuille à faible risque ou qui correspond à votre vision de l'entreprise, mais dans le cas du Bitcoin à long terme, il peut s'avérer être un actif très équilibré, cela se remarque clairement sur l'attention qu'il reçoit de l'actualité.

2. **Bitcoin Cash**

Une deuxième option est le Bitcoin Cash, une alternative similaire au concept du Bitcoin, à la différence que la taille des blocs est de 8MB, alors que le bitcoin est situé dans 1MB, ce qui signifie que la vitesse de traitement des transactions est plus élevée et que le coût est faible.

En gardant à l'esprit ces mouvements distincts entre le Bitcoin et le Bitcoin Cash, il devient clair qu'ils ne sont pas liés, mais un mouvement clair est que lorsque le Bitcoin augmente, cela signifie que le prix du Bitcoin Cash diminue, ce type de données peut être utilisé comme une stratégie pour compenser un mouvement défavorable du Bitcoin.

3. **Ethereum**

Ethereum est une option très différente du Bitcoin, puisque sa fonction est de permettre le développement de dApps en utilisant des smart contracts, la monnaie de ce projet est appelée Ether, c'est un environnement prometteur pour tout ce qu'il fournit en termes de proposition ou d'initiative.

4. **Litecoin**

Il est reconnu comme une promotion similaire au statut d'or du Bitcoin, d'autre part, il représente un hard fork venant du

Bitcoin, il n'y a aucun doute que le Litecoin peut être utilisé comme une monnaie d'échange de valeur, mais le temps de génération des blocs est au moins de 2,5 minutes, si on le compare au Bitcoin possède une différence de 10 minutes.

La conception de cet actif repose sur un algorithme de hachage (Scrypt), qui est utilisé pour produire ou générer la blockchain, ce qui explique pourquoi il est classé parmi les crypto-monnaies les plus modernes.

5. **Monero**

Monero a une grande similitude avec le bitcoin, car sa fonction est d'être un échange de valeur, mais sa différence est qu'il est devenu un actif qui cherche à tout prix à assurer la confidentialité des utilisateurs participant à la blockchain, grâce à un mécanisme d'adresse qui ne peut être détecté.

L'anonymat est de plus en plus recherché et cela devient une réalité par ce biais, ainsi votre adresse n'est pas exposée pour quelque raison que ce soit, au contraire si vous investissez en bitcoin il est possible de le suivre, ceci est essentiel dans un environnement où il y a de plus en plus de réglementations et la confidentialité est utile lors des transactions.

6. **Zcash**

Zcash répond aux mêmes paramètres que Monero, puisqu'il cherche à prendre soin de la vie privée à son expression maximale, l'anonymat des utilisateurs est une exigence très demandée, c'est un moyen qui facilite l'échange d'informations sans révéler l'identité des participants.

D'une manière générale, l'investissement sur le marché des crypto-monnaies est émotionnel, mais vous devez garder à l'esprit que vous avez besoin de sécurité sur les actifs, cela signifie que le choix du portefeuille est une étape fondamentale, ainsi vous participerez à un investissement qui mettra les émotions à l'épreuve.

Cette classe d'actifs offre un niveau de rendement plus élevé, c'est pourquoi elle est source d'inspiration, l'abandon par rapport aux moyens d'investissement traditionnels est dû aux avantages que cette opportunité offre et au soutien technologique, cela devient une réalité une fois que vous obtenez une stratégie de haut niveau pour surmonter et résister au marché.

Considérations et doutes sur le trading à long terme

Pendant longtemps, l'idée d'investir à court terme a été populaire, car c'est un moyen de récolter un niveau de profit frappant en peu de temps, mais à long terme, vous pouvez trouver des risques plus faibles et un contrôle sur le niveau de profit que vous visez, ce sont des qualités à garder à l'esprit entre une mesure ou l'autre.

Obtenir de l'argent par la commercialisation du Bitcoin, ainsi que par d'autres crypto-monnaies n'est pas un objectif si lointain ou si simple, cela dépend d'abord de deux aspects : d'une part le temps que vous passez pour y parvenir, et d'autre part le risque que vous êtes capable d'assumer dans ce processus.

Ce terme va toujours de pair avec le type de risque à assumer, mais pour mieux décider d'une option ou d'une autre, vous pouvez considérer les points suivants :

- **À l'affût des options frauduleuses**

Le vaste monde du Bitcoin est composé d'alternatives importantes, parfois elles ont plus à voir avec l'investissement qu'avec la vente, d'autre part, vous devez faire attention à la quantité de génies ou de gourous du trading que vous trouverez dans ce milieu, car ils vous proposent d'investir dans certaines crypto-monnaies comme une aide, mais ils sont le contraire.

Les situations auxquelles vous devez faire face sont variées, car il peut s'agir d'escroqueries, et d'autre part il peut également s'agir de la création d'une tendance positive en intensifiant les prix, c'est-à-dire sont des plans où les clients eux-mêmes en plus de payer, agissent comme un intermédiaire de négociation pour cela pour obtenir des bénéfices sur votre portefeuille.

L'attrait doit être placé directement sur le contenu de l'information, car il s'agit d'une formation académique qui est dispensée dans le but d'obtenir un meilleur rendement surtout lorsqu'il s'agit d'un investissement à long terme, c'est la meilleure façon d'apprendre, au-delà il est tentant de payer pour des données ou des signaux.

- **Le présent et le futur**

Les données autour de ces tendances sur le marché des crypto-monnaies, et dans le monde de la finance traditionnelle, sont un moyen où il est évident que vous devez mettre en œuvre des stratégies inédites, car si vous vous en tenez aux pratiques du passé, vous n'obtiendrez que de mauvais résultats, et une règle générale est de diversifier votre investissement.

Grâce à différentes crypto-monnaies, vous pouvez profiter d'un niveau plus élevé d'intérêts composés, ceci peut être réalisé par certaines plateformes du niveau ou de l'importance de Binance, ainsi les retours commencent à se matérialiser sans avoir à prendre des risques de sécurité.

Au niveau des investisseurs, il est exposé que le trading est très risqué pour vous au niveau de la santé, car la chose habituelle est que vous n'obtiendrez qu'un rendement inférieur à ce qui est exposé ou trouvé sur le marché, c'est pourquoi l'idée d'investir sur un écosystème de crypto-monnaie vous soumet à de nombreuses étapes et mesures pour surmonter la peur.

L'apprentissage de la compétence d'investir dans les crypto-monnaies est une démarche progressive, c'est-à-dire qu'il s'agit d'escalades et avant tout de découverte, c'est pourquoi en moyenne vous pouvez vous heurter à des décisions qui ne sont pas rentables, mais c'est dans la persistance sur les pertes que vous pouvez récolter des gains, en mettant de côté les trébuchements du passé.

Vous pouvez voir que, pour les investisseurs ordinaires, ces étapes ne sont pas rentables, surtout quand vous allez ajouter tous les aspects entre et les commissions, cela est soulevé dans les transactions que vous faites, où la marge de perte est élevé, bien que dans le long terme vous vous débarrasser de ce genre de mal de tête.

- **Préférence pour le long terme dans les investissements**

Les données derrière l'investissement à long terme en crypto-monnaies imposent que les risques à court terme peuvent être complètement éliminés, en multipliant le capital que vous possédez, donc la clé peut être sur la vitesse de négociation, en plus de l'établissement d'options sûres pour que le retour sur investissement soit présent.

Le rendement à long terme génère des pourcentages plus élevés dans certains cas, également certains échanges ont l'option de fournir des intérêts composés, car dans le cas de Binance génère 5% sur de nombreuses cryptocurrences offertes, donc le simple fait de garder des cryptocurrences peut vous donner des rendements annuels.

Les prévisions favorisent beaucoup plus les investissements à long terme, parce que si vous optez pour un court terme augmente le risque parce que, si vous récoltez un pourcentage positif de profit, alors vous pouvez le perdre dans un autre investissement, mais dans le long terme vous avez le contrôle de sortir quand il a augmenté au niveau ou la marge que vous attendez.

Le rôle d'investissement du commerce social

Dans le domaine de l'investissement en crypto-monnaies, il est essentiel de savoir ce que vous devez faire et quelles en sont les conséquences. Ainsi, vous pourrez clarifier le "comment" investir en suivant les bonnes étapes, pour ce faire, les experts émettent certains conseils, afin que la communauté des investisseurs puisse choisir la bonne crypto-monnaie.

L'importance des crypto-monnaies aujourd'hui transcende pour être un instrument financier très fréquenté, surtout parce que c'est un moyen de briser les chaînes de la centralisation, il suffit de surmonter la peur de la volatilité comme une première étape pour commencer à parier sur les actifs et de croître comme Bitcoin et Ether.

Les dossiers des crypto-monnaies exposent clairement l'opportunité d'investir dans un projet, plus vous pouvez suivre par quelques options stables qui sont utiles pour les conservateurs, où il met en évidence le rôle de DAI ou le Tether lui-même qui est ancré au dollar et sa valeur.

Ce type de tendance internationale est un pari en direct, au-dessus d'une certaine incertitude, ce qui peut être discuté à travers l'étude du mercadocripto, où les statistiques deviennent une raison même de faire confiance à ce type d'opportunité financière, générant un niveau plus élevé de confiance des utilisateurs envers les devises.

Mais la vraie raison pour laquelle plus de gens décident d'investir dans ce moyen, est sous la conformation des stratégies à long terme, ceci est principalement dû à la méfiance qui existe sur le système financier traditionnel, mais la meilleure façon de laisser de côté cette barrière la première étape est de les acheter.

D'autre part, vous devez réfléchir à la façon d'utiliser cet actif, par le biais du détenteur défini comme un détenteur ou une détentrice de l'actif, et ensuite devenir un trader ou un négociant, cette formule magique est réalisée grâce au trading social, c'est-à-dire que vous avez la capacité d'utiliser différents outils.

Le moyen de réduire le risque est de recourir à différents éléments de mesure, ce qui augmente en même temps la courbe d'apprentissage, pour cela vous devez connaître ou avoir présenté ces mesures :

- **Le rôle du commerce social**

Il s'agit essentiellement de dupliquer le portefeuille numérique détenu par un personnage de référence, il doit s'agir de quelqu'un qui est reconnu dans le monde de la finance, en plus d'avoir des résultats prouvés dans des faits réels, afin que vous suiviez leurs investissements en pariant sur les actifs qu'ils considèrent comme des actifs.

Obtenir une alternative rentable est possible par ce biais, mais en prenant la responsabilité de votre choix, car cela n'a pas une garantie absolue, vous pouvez gagner et perdre également, dans le milieu des crypto-monnaies aucune décision n'est sûre, mais au moins vous suivez une stratégie d'un expert.

L'humeur peut être beaucoup plus calme en sachant que vous vous appuyez sur des données fiables, plutôt que de vous exposer à un risque de marché trop important, et cette idée vous aide à faire preuve d'audace.

- **Comment participer au commerce social**

Parmi de nombreuses plateformes de trading, vous trouverez une section destinée aux activités sociales, c'est ce qui permet le développement du trading social, c'est un moyen pour vous de ne pas avoir à faire des démarches seul dans ce milieu, car investir peut être un véritable défi pour vous.

Le trading social est de plus en plus utilisé, au moyen de données comme PrimeXBT et iProUP, on compte qu'environ plus de 9.000 utilisateurs se consacrent à copier des stratégies en utilisant un capital d'environ 10 millions de dollars, en obtenant des résultats importants de rentabilité qui montent jusqu'à 5.560% selon l'élection.

Mais pour obtenir des résultats positifs, il est possible d'opter pour des portefeuilles à haut risque, ce qui signifie dès le départ que de nombreux facteurs de perte entrent en jeu, mais un portefeuille conservateur peut fournir un rendement d'au moins 30 % d'un revenu mensuel.

Le bénéfice de cette méthode est 100% réel, mais il ne vous dispense pas de perdre une somme d'argent considérable en fonction de vos choix, dans tous les types d'investissements vous devez envisager les risques pour récolter des bénéfices, il n'y a pas de moyen sûr d'obtenir de l'argent, sans exposition vous ne serez pas en mesure d'atteindre le succès.

Les étapes pour utiliser cette stratégie lors d'un investissement dans le cadre du trading social sont simples et se résument à ces mesures :

1. Grâce à PrimeXBT par exemple, vous pouvez entrer et avoir accès à l'onglet appelé Covesting, sur cette option vous trouverez un grand nombre d'options pour former des stratégies triées selon le type de qualités que vous choisissez.
2. Au milieu de la sélection, vous pouvez choisir de filtrer le degré de risque auquel vous êtes confronté, ceci va de pair avec le temps à travers lequel vous allez opérer, et sans oublier de confirmer l'expérience ou l'importance de l'administrateur de la stratégie sur la plateforme.
3. Trouvez une option adaptée à votre profil, vous pouvez obtenir des bénéfices rapides grâce à des stratégies à haut risque, ainsi qu'à long terme, ce qui permet de répartir les fonds de manière plus sûre.

Le type de plate-forme sociale, est ce qui fournit un caractère sur l'investissement, c'est-à-dire se traduit par un moyen de vérifier le niveau de confiance qui a une telle prévision, puisque, si elle est un environnement avec peu de réputation, ce n'est pas une bonne option pour étendre vos actifs, vous devez également maintenir une communication fluide avec les investisseurs.

Au sein de la communauté, vous pouvez vous soutenir face aux revers du marché, mais cela peut aussi être contre-productif car cela peut réveiller vos peurs, vous pouvez donc lire et soigner le côté de l'anonymat, afin d'être plus concentré sur le trading uniquement.

Mais la clé de cette option est de ne pas s'en tenir à une seule stratégie, encore moins à un seul personnage, aussi certains gains peuvent être utilisés comme un leurre donc il ne faut pas se laisser emporter par des promesses ou beaucoup moins, la concentration doit se faire sur les résultats, ne préférez que les managers ayant plus d'ancienneté.

La tendance "HODL ou mourir

La recommandation d'investissement à long terme en cryptomonnaies est un conseil quotidien sur n'importe quel média social, ce sont des mouvements financiers exceptionnels parce que certaines marges historiques peuvent vous laisser un bénéfice considérable, mais vous devez également vous attendre à certaines baisses, ce qui signifie des pertes, pas une occasion d'acheter parce que vous pouvez vous attendre à quelque chose pour vous fermer d'autres actifs.

Un ennemi à affronter est la peur ou l'impulsion de faire des ventes dans une récession de grande ampleur, surtout quand historiquement il est reconnu que, après ces scénarios est qu'il ya un saut positif, de sorte qu'une vente précipitée ne laisse pas toute sorte de profit, mais des pertes de niveau supérieur.

Rester avec un revenu investi sur des périodes compliquées est une règle fondamentale pour une participation à long terme sur les crypto-monnaies, vous devez garder votre calme et attendre une période plus longue que 1000 jours pour récupérer, mais cela peut varier sur les marges de performance car des changements très drastiques sont observés.

Le hodling est une pratique privilégiée à tous points de vue, c'est un écosystème sur lequel vous allez rencontrer des pourcentages de croissance que vous n'imaginiez pas au départ, le temps est donc le meilleur conseiller pour vous permettre d'obtenir des bénéfices, sans perdre de vue la patience comme bouée de sauvetage pour attendre le moment de vendre.

Mesures pour investir dans le bitcoin à long terme

Il ne fait aucun doute qu'une crypto-monnaie de grande importance comme le bitcoin présente certains détails à ne pas négliger, vous ne pouvez donc pas oublier la formation sur les crypto-monnaies à travers des cours où des stratégies spéciales sont organisées pour les actifs que vous avez en tête d'inclure dans votre portefeuille.

Un moyen d'analyse est installé sur le réseau Bitcoin, puisque ce contrôle est ce qui permet de visualiser le mouvement que peut obtenir cet actif populaire à travers le monde, de plus les utilisateurs eux-mêmes sont ceux qui gardent le contrôle des transactions par validation sur la blockchain.

Le fonctionnement du bitcoin dépend du nombre de points qui permettent ou acceptent ce moyen de paiement, de ce côté surgit une sorte de sécurité pour parier sur cet actif, il est conçu comme un moyen fiable fait partie de la technologie blockchain, c'est un livre où chacun des mouvements numériques sont logés.

Une autre mesure pour faire partie de l'investissement sur le bitcoin est le minage, car après tout ce sont des actifs qui ont un code crypté, et le temps impliqué dépend directement de la puissance de minage, mais la rentabilité dépend des dispositifs que vous utilisez.

Les premières étapes sont d'acheter des bitcoins et de choisir le portefeuille le plus sûr, ensuite l'opération va de pair avec les actions de la gestion des stocks, pour cela il faut suivre l'évolution de cet actif, jusqu'à ce qu'il atteigne un moment opportun pour vendre et cela fait une différence le jour où vous l'avez acheté.

www.ingramcontent.com/pod-product-compliance
Lightning Source LLC
Chambersburg PA
CBHW070441220526
45466CB00004B/1747